MÉMOIRE

EN FAVEUR DE L'ABOLITION

DE LA PEINE DE MORT

ADRESSÉ

AUX REPRÉSENTANTS DU PEUPLE

PAR LE DOCTEUR

FÉLIX VOISIN,

Médecin en chef des aliénés de l'hospice de Bicêtre (1re section),
membre de la Légion-d'Honneur, etc., etc.

On façonne les plantes par la culture et
les hommes par l'éducation.

J.-J. ROUSSEAU.

PARIS,

GARNIER FRÈRES, LIBRAIRES,

AU PALAIS NATIONAL ET RUE RICHELIEU, 10.

1848.

MÉMOIRE

EN FAVEUR DE L'ABOLITION

DE LA PEINE DE MORT

ADRESSÉ

AUX REPRÉSENTANTS DU PEUPLE.

Paris. — Imprimerie de L. MARTINET, rue Jacob, 30.

MÉMOIRE

EN FAVEUR DE L'ABOLITION

DE LA PEINE DE MORT

ADRESSÉ

AUX REPRÉSENTANTS DU PEUPLE,

PAR LE DOCTEUR

FÉLIX VOISIN,

Médecin en chef des aliénés de l'hospice de Bicêtre (1re section),
Membre de la Légion-d'Honneur, etc., etc.

> On façonne les plantes par la culture et
> les hommes par l'éducation.
>
> J.-J. ROUSSEAU.

PARIS.

GARNIER FRÈRES, LIBRAIRES.
AU PALAIS NATIONAL ET RUE RICHELIEU, 10.

1848

Permettez encore aujourd'hui à un médecin de se mettre en avant dans une des plus hautes questions de notre ordre social. Je voudrais, en effet, qu'on n'inscrivît plus la peine de mort dans le répertoire de nos lois. Pour arriver à mon but, j'ose prendre la respectueuse liberté de vous soumettre un travail où j'expose les motifs de mon opposition. Ces motifs me paraissent fondés en droit, en morale, en justice, en raison. C'est à vous, citoyens législateurs, qu'il appartient d'en juger.

Je me suis efforcé, dans cette circonstance, de justifier l'opinion de Descartes. S'il est possible, disait ce grand homme, de perfectionner l'espèce humaine et de la faire entrer dans les voies de la véritable civilisation, c'est dans la médecine qu'il faut en chercher les moyens.

Certes j'ai pu rester au-dessous de mon sujet, mais ce sujet, je le dis en toute assurance, est du ressort de ma profession. Depuis vingt-cinq ans je vis au milieu des aliénés, des grands hommes, des grands scélérats, des idiots, des artistes et des têtes vulgaires de notre espèce. Si j'ai bien observé, si j'ai bien comparé les faits, si j'en ai bien déduit les conséquences, je dois savoir quelque chose sur la nature humaine. Quoi qu'il en puisse être, à tort ou à raison, je me suis imaginé que j'avais quelque autorité dans la question, quoique médecin; que je devais tenir ferme, ne permettre à personne de venir prendre ma place et continuer à mettre mes forces et mon ambition au service de l'humanité.

MÉMOIRE

EN FAVEUR DE L'ABOLITION

DE LA PEINE DE MORT

ADRESSÉ

AUX REPRÉSENTANTS DU PEUPLE.

> On façonne les plantes par la culture et
> les hommes par l'éducation.
>
> J.-J. ROUSSEAU.

CITOYENS REPRÉSENTANTS,

Vous avez fait disparaître de nos codes la peine de mort en matière politique, et par ce grand acte de civilisation vous avez dignement inauguré la nouvelle ère de notre nouvelle république : grâces vous en soient rendues ! Mais pourquoi laisser votre œuvre incomplète et ne pas donner à l'Europe un plus magnifique exemple ? pourquoi ne pas secouer le joug de la routine et des préjugés, et ne pas abolir en toutes circonstances cette peine qui ne satisfait point la raison, qui blesse tous les bons sentiments, et qui ne sert en quoi que ce soit les intérêts de la société ? Comme homme de conviction qui croit avoir des obligations à remplir envers ses semblables , je viens vous soumettre sur ce sujet important le résultat de mes études et de mes méditations. Heureux si je puis exercer quelque influence sur vos esprits , et contribuer pour ma part à ce que nos lois, pour la réparation de n'importe quel crime , ne permettent plus dorénavant les sacrifices de sang humain.

Et d'abord c'est un devoir de le faire entendre bien haut et de le proclamer en tous lieux , l'homme n'a droit ni sur sa vie ni sur la vie de ses semblables. Notre existence est sacrée , et voilà pourquoi le suicide nous inspire tant de pitié et pourquoi l'empoisonneur et l'assassin soulèvent tant de colère et d'indignation dans nos âmes, et sont regardés comme les plus grands des criminels. Cette réprobation universelle a sa signification ; on a presque toujours tort des hauteurs de la science de dédaigner le cri de nos instincts. Quoi qu'il en soit, la loi des temps barbares, la loi du talion ne doit pas subsister plus longtemps parmi nous. Ne rien prendre en considération, donner la mort pour la mort, est une justice distributive, inintelligente, immorale et barbare. Cette pénalité n'a plus de sens aujourd'hui ; et, pour vous en convaincre, je vais vous démontrer que toutes les têtes que vous abattez sont abattues en pure perte, si toutefois elles ne contribuent pas à vous en faire abattre un plus grand nombre chaque jour. Je m'explique.

Une parole bien triste, bien profonde et bien vraie a été dite à l'humanité, il y a deux mille ans tout à l'heure, et cette parole la voici : Il y aura toujours des pauvres parmi vous, et vous aurez toujours à exercer en leur faveur les nobles facultés que j'ai mises en vos cœurs, l'amour et la charité. Eh bien ! citoyens représentants, je vous le dis en vérité, il y aura aussi toujours des criminels dans le monde, et c'est vainement que, pour en faire disparaître la race, vous répandrez leur sang. Eux également ont besoin de votre appui, de votre générosité, de votre affection, de vos lumières, et vous avez des devoirs à remplir à leur égard. Ces malheureux ne renaissent pas de leurs cendres, mais ils renaissent des circonstances au milieu desquelles ils apparaissent et se développent dans la vie. Ils ont vécu dans un mauvais milieu :

ce milieu ne les a point favorisés ; ce milieu les a créés, perpétués, multipliés. Observez-les avec attention, et vous verrez qu'à part un très petit nombre d'entre eux, ils n'étaient point prédestinés à mal faire ; qu'ils n'ont fait bien souvent, ainsi que je viens de le faire entendre, que subir les conséquences de leur triste entourage ; qu'ils n'ont reçu en masse ni les bénéfices de l'instruction ni ceux de l'éducation, et que, par une foule d'influences auxquelles ils n'ont pu se soustraire, ils sont devenus ce que vous voyez qu'ils sont. Vous prendrez ainsi connaissance des causes des choses ; vous vous convaincrez que si vous ne pouvez empêcher totalement le mal sur la terre, vous pouvez au moins beaucoup le diminuer par de bonnes institutions, et, par cette analyse sévère, profonde et détaillée, vous arriverez en même temps, j'en suis sûr, à partager mon opinion, savoir qu'il n'y a aucune espèce de rapport entre la guillotine et les moyens propres à développer l'intelligence et la moralité de la tête humaine. Le moment me paraît venu où la science de la nature de l'homme doit se faire jour dans vos consciences, éclairer vos déterminations et servir l'humanité. Veuillez donc continuer à me prêter votre attention ; car pour arriver à mon but j'ai besoin de faire passer mes convictions dans votre âme.

Au point de vue de ce qu'exigent les intérêts de la société, la raison, la morale et les lois, il y aura toujours, ai-je dit, des criminels dans le monde, et la mort tragique des coupables, quelque crainte qu'elle puisse inspirer d'ailleurs, n'aura jamais pour effet de changer les conditions au sein desquelles, depuis des siècles, se meut l'humanité; d'autre part, nous ne sommes point des êtres parfaits, ni des êtres prodigieusement forts ; loin de là, et de tous les êtres créés l'homme est incontestablement celui qui, par le nombre de ses facultés, a le plus besoin d'appui dans le monde extérieur pour ordonner sa vie conformément à l'élévation de sa propre nature. Ne nous envisageons pas néanmoins sous des couleurs trop sombres. Malgré les déclamations de certains esprits sur la perversité naturelle ou acquise du genre humain et sur la faiblesse de sa raison, l'homme, en général, se conduit avec intelligence, et il ne laisse pas que de montrer aussi quelque moralité dans ses actes. Nos sociétés, quelque mal ordonnées qu'elles soient encore, prouvent la justesse de mon observation; tout n'y est pas sens dessus dessous, et les notions du juste, de l'honnête et du vrai n'y sont pas complétement renversées.

Maintenant nous arrivons aux ombres du tableau, aux faits exceptionnels, aux criminels, à ceux enfin qui troublent ces mêmes sociétés, qui y portent le deuil et l'effroi, et qui ne peuvent, sous peine de subversion de tous les principes et de tout ordre social, être abandonnés aux violences de leurs débordements. Je le sais, je le dis avec vous tous, la société doit vivre, la société se doit assistance et protection; mais, permettez-moi de vous le faire observer, citoyens représentants, des hommes de votre ordre ne doivent faire que des lois qui servent à quelque chose.

Or à quoi bon maintenir la peine de mort dans nos codes, si elle n'empêche pas ce que vous voulez empêcher; si, après le châtiment terrible du coupable, les choses continuent à se passer de la même manière dans l'humanité, et si vous êtes obligés de recommencer sans cesse et sans avantage votre œuvre de sang et de destruction. Remarquez bien que je ne fais point ici d'appel à votre sensibilité ; c'est votre intelligence que je veux frapper, et c'est à elle que je vais présenter les faits en vertu desquels je viens protester contre vos sanglants échafauds.

Nous devons étudier et saisir toutes les choses de l'humanité. Avant donc d'embrasser mon sujet sous son point de vue général, et de vous parler par conséquent de l'espèce humaine en masse, je commencerai par attirer votre attention sur les individus qui offrent, par suite de leur organisation cérébrale tronquée, des particularités dans l'esprit et le caractère. Non seulement ces individus ne possèdent pas tous les éléments de l'entendement humain ; mais, dans ce qui leur reste de facultés, il y a des inégalités de force et d'activité bien marquées. On constate tout à la fois chez eux des idioties morales, des idioties intellectuelles, des idioties dans les instincts, et, par opposition et singulier contraste, de grandes énergies dans l'expression de quelques sentiments, de quelques penchants ou de quelques pouvoirs intellectuels. Ce sont des têtes irrégulières qui réclament, pour

l'appréciation judiciaire de leurs actes, l'examen le plus sérieux et le plus approfondi.

C'est un fait avéré, incontestable, reconnu
aujourd'hui dans toutes les grandes sociétés
savantes de l'Europe, et qui doit enfin sortir
du fond des sanctuaires pour éclairer la législation : il y a des individus qui naissent avec
des dons de Dieu, avec de grands moyens,
de grandes facultés, et qui, toutes choses extérieures étant d'ailleurs égales, s'élèvent
promptement au-dessus de la foule médiocre
ordinaire et commune de leurs contempo-
rains. Il y a des têtes d'élite dans l'humanité.
Ce fait, il faut le dire, est accepté sans répu-
gnance, et ne soulève dans l'esprit de nos
hommes d'État aucune espèce d'opposition :
et tout est dit bien souvent sur ces têtes d'élite
quand on ne les a pas persécutées ou qu'on ne
les a pas payées de la plus noire ingratitude.
Mais en dehors de ces belles et grandes capacités morales et intellectuelles, et en dehors
aussi de la masse des individus qui composent
notre espèce, qui forment les nations propre-
ment dites, et qui sont sans vocation, sans dis-
position mentale bien marquée, et qui devien-
nent, avec leurs aptitudes générales, ce que

les font être les temps, les lieux, les circonstances et les hommes supérieurs de leur époque, il faut encore, avec ces mêmes sociétés savantes, sur l'autorité desquelles je m'appuyais tout à l'heure, envisager une face tout opposée de la médaille humaine. Oui, s'il y a des hommes bien nés, doués d'un heureux naturel et d'une vaste intelligence, et qui, dès le bas âge, le plus ordinairement annoncent leur beau caractère et leur génie, il en est d'autres qui naissent disgraciés par la nature. La nature les a traités en marâtre ; ils sont, par le fait d'une organisation incomplète, dépossédés des richesses et des grandeurs de l'humanité. Ils n'ont point de suffisants contre-poids dans la tête. Le plus communément l'animalité prédomine dans leur constitution. Leurs penchants sont très énergiques, leurs sentiments moraux sont faibles, leur intelligence est étroite, leur configuration cérébrale est laide et basse. Ils ne sont point nés pour le bien ; ils sont nés pour le mal. Leur existence tout entière n'est qu'une suite de méfaits. Eh bien, en admettant que, pour un fait ou pour un autre, ces misérables aient encouru la peine capitale inscrite encore aujourd'hui dans nos lois, croyez-vous qu'en les tuant vous portiez remède à quelque chose? pensez-vous que vous alliez frapper d'effroi ceux qui leur ressemblent; qu'en un mot vous mettiez obstacle au renouvellement des actes abominables dont vous avez été les témoins ou les victimes? Détrompez-vous, je le redis encore, vous faites une œuvre de sang qu'il vous faudra recommencer sans cesse. Les hommes de cet ordre sont réfractaires à toute espèce d'instruction, d'éducation, d'influence, de modification. Ils ne comprennent point les choses qui sont de l'intelligence et des sentiments moraux, et eussiez-vous d'ailleurs fait disparaître en un seul jour, sous le tranchant du fer, toutes ces formes anormales irrégulières, incomplètes de l'espèce, vous n'empêcheriez jamais la nature dans les jeux, quelquefois bizarres, de sa création de reconstituer de pareils monstres, et de démontrer l'inanité de vos systèmes.

Il n'y a point à se récrier ni à faire de raisonnements à perte de vue sur ces faits; ils sont irrécusables, et il faut bien que nous nous en arrangions, c'est-à-dire que nous nous soumettions sans murmure à ce qui est, et que nous établissions dans notre esprit de justice des différences entre ceux qui sont au-dessus des proportions communes de l'humanité et ceux qui sont au-dessous de ces mêmes proportions. Pour arriver à une estimation rigoureuse de la moralité ou de la criminalité des uns ou des autres, il nous faut sortir des ornières, abandonner les termes ordinaires de comparaison, nous placer devant leur individualité respective, et tenir compte de ce que comporte leur organisation. Il y a déjà bien longtemps qu'on l'a dit : Ne demandez à chacun que suivant la mesure de ses capacités. N'allez pas croire, citoyens représentants, que les faits pour lesquels on traduit, devant les cours d'assises, les malheureux dont je vous parle, soient des faits accidentels, isolés, sans rapport avec leurs manifestations habituelles ; non, ces êtres sont taillés de pièces et de morceaux mal ordonnés, mal ajustés ; et dès le bas âge, aussi, ils avaient annoncé ce qu'ils devaient être un jour. Seulement, il faut faire remarquer que leurs facultés ne s'exerçant que sur de petits objets et un petit théâtre, ils n'avaient éveillé la sollicitude ou inspiré des craintes que dans le foyer domestique. Cent vingt cent fois la bonté

2

paternelle s'était épuisée sur eux, cent et cent
fois la patience et le génie des instituteurs
avaient lutté sans résultat contre leurs disposi-
tions innées. En entrant dans le monde, ils
sont restés ce qu'ils étaient, c'est-à-dire des
individus mal nés. Ils n'ont changé ni d'esprit,
ni de caractère; ils se sont trouvés en face d'une
société intelligente, bien armée, vigilante et
soigneuse de ses intérêts, et, par cela même, à
l'instant même ils sont tombés dans ses mains.
Voilà, indépendamment de quelques autres caractères sur lesquels on peut consulter des
experts, car il y a des experts dans toutes les
branches des connaissances humaines, citoyens représentants, et quand il s'agit de
l'honneur d'une famille ou de la tête d'un individu, il n'y a point de mal à consulter des
experts; tous les jours on en consulte pour des
choses d'une moins grande importance; voilà,
en résumé, comment on arrive à établir des
distinctions réelles entre les individus de la famille humaine, et à pratiquer la justice avec
équité. Les hommes éclairés, forts et bien in-
tentionnés, doivent envisager l'humanité sous
tous les points de vue qu'elle peut présenter;
ils ne redoutent que l'erreur. On ne peut plus

aujourd'hui s'arrêter opiniâtrément à la maté-
rialité des actes. La peine de mort en pareil
cas ne fait même pas face à l'accident du jour
et du moment. Vous tuez aujourd'hui un animal qui sera remplacé demain, tout à l'heure,
par un autre animal. Sous cet aspect, l'œuvre
de nos prédécesseurs, il ne faut pas se le dissimuler, était à la fois dérisoire, cruelle, et de
mauvais exemple ; ils faisaient violence à la
raison ; ils blessaient tous les sentiments ; ils
ne servaient en rien les intérêts de la société,
et quand ils s'étaient ainsi affranchis de tous
leurs grands devoirs d'hommes, qu'ils s'étaient
passionnés comme des êtres inférieurs et qu'ils
avaient en tout point suivi les conseils de la
peur, de l'égoïsme et de la colère, ils croyaient
qu'ils pouvaient se laver les mains, qu'il n'y
avait point de sang sur leurs habits, parce
qu'ils avaient agi, parce qu'ils avaient versé
ce sang dans de bonnes intentions. Citoyens
représentants, permettez-moi de vous le dire,
cette excuse des médiocrités ne va point à vos
lumières.

Entrons maintenant dans le fond même du
sujet, n'évitons point l'abordage, soutenons et

prouvons que, dans quelques circonstances que ce soit, la décollation ne sert en rien les grands intérêts de la société.

Je laisse de côté les individus incomplets dont je viens de vous entretenir ; je les comparerais volontiers à de mauvais arbres qui ne peuvent porter que de mauvais fruits. Ces têtes mutilées par la nature sont dangereuses. Nous devons nous mettre à l'abri de leurs violences et de leur animalité ; mais la raison, la pitié, la justice, la morale, notre intérêt, l'inutilité de leur supplice, le droit qui nous manque de pouvoir disposer de leur vie, tout nous défend de les guillotiner.

Je soutiens toujours, comme vous le voyez, que nous n'avons pas le droit d'égorger nos semblables lors même qu'ils ont égorgé quelques uns des nôtres. Je répète qu'il y aura toujours des criminels dans la société, que la peine de mort n'a point la vertu d'en diminuer le nombre, qu'elle ne va point à la racine du mal, qu'elle donne et entretient le goût du sang, qu'elle aiguise le poignard de l'assassin, et que, loin de changer les conditions de l'humanité, elle éternise dans toutes

les classes de la société les manifestations de
l'ordre inférieur quand elle n'en renforce pas
la sauvage énergie.

J'arrive aux faits journaliers de la criminalité, aux infractions légales que peuvent com-
mettre sans aucune exception les membres différents de notre ordre social, c'est vous dire,
citoyens représentants, que je vais parler de
nous tous, de vous, de moi, de nos frères, de
nos amis, de l'humanité tout entière, car je ne
pense pas qu'aucun homme bien né, qu'aucun
homme ayant en lui tous les caractères, toutes
les forces, toutes les surfaces sensibles de notre
être, soit assez osé dans le fond de sa conscience et devant la foule de ses semblables,
pour se déclarer, sous le feu de ses penchants
et de ses sentiments, et au milieu des excitations sans nombre et des surprises du monde
extérieur, maître et dominateur absolu de lui,
des personnes, des choses, des temps, des évé-
nements et de tout ce qui peut, en un mot, du
dedans de lui-même comme du dehors, le
mettre en mouvement et lui faire dépasser le
but de ses propres activités.

Le temps des mensonges officiels, je l'es-
père, est passé sans retour. La peine de mort

ne remédie à rien ; vous avez beau décoller les têtes et les décoller encore, il faut vous résigner à les décoller toujours : c'est un ouvrage sans fin et sans utilité. Tous les supplices imaginables, je ne saurais trop attirer votre attention sur ce point, n'ont aucun rapport avec les méthodes propres à éclairer et à ennoblir l'humanité ; les grils ardents, le fer ou les bûchers, ne développent ni l'intelligence ni les sentiments moraux. C'est par suite de ces moyens ridicules, exécrables, odieux, c'est par suite de ce vieux contre-sens que notre espèce est restée si longtemps dans l'enfance. Privée, comme elle l'est encore presque partout, d'instruction et d'éducation, elle est restée ce qu'elle était, et elle reste ce qu'elle est en général par premier jet de création. Cela veut dire qu'elle reste énergique, égoïste et violente par ses instincts de conservation, faible par ses sentiments moraux, et médiocre par son intelligence. L'histoire de tous les peuples en fait foi, l'homme comme homme, en d'autres termes comme être intellectuel et moral, est tout entier dans la main de l'homme, et les gouvernements solidement établis peuvent, suivant leurs bonnes ou leurs mauvaises inten-

tions, ôter ou donner à l'humanité son existence supérieure. Comme animal, l'homme est
le produit de la nature, ses facultés sont vi-
vaces et n'ont pas besoin d'animation ; comme
être intelligent et noble, il est le produit de la
culture. Ses hautes facultés, les facultés carac-
téristiques de son espèce ont besoin d'une se-
conde création , si je puis dire ainsi ; il faut
qu'elles soient incessamment appelées , exci-
tées, mises en jeu, avivées, pour arriver à tout
le développement dont elles sont susceptibles,
se faire sentir dans l'économie morale de notre
constitution et par conséquent dans la vie de
chaque individu. Mais j'insiste de nouveau sur
ce que je viens de vous dire à l'instant même,
il n'y a point de rapport entre la guillotine et
les méthodes propres à faire parvenir l'homme
à l'excellence de sa nature et à la supériorité
de ses attributs. Loin de là, car tous les faits
acquis à la science ont démontré partout que
la sévérité des peines n'avait jamais adouci les
mœurs, et que le nombre ainsi que l'énormité
des crimes augmentaient en raison même du
nombre et de la cruauté des supplices.

Il est temps de ne plus confondre l'homme
avec la brute, et de le prendre, de l'élever, de

le traiter par ses propres facultés. Vous n'abaisserez le chiffre de la criminalité qu'en tirant parti des forces spéciales de sa constitution, et encore ne le rendrez-vous pas invulnérable en tout point, et ne l'empêcherez-vous pas, en quelques circonstances, de payer son tribut aux faiblesses, aux misères et aux passions de sa nature.

Citoyens représentants, placez-vous un instant devant les faits de l'observation; voyez ce que l'homme est encore aujourd'hui, considérez-le dans son état réel, songez aux malheurs de sa position, à sa sensibilité, au nombre de ses besoins, aux ténèbres de son ignorance, au défaut de culture de ses sentiments moraux, à ses préjugés, à ses fanatismes, aux superstitions dont on a faussé son esprit, et dites-moi si vous pouvez le considérer comme un être éminemment et complétement responsable, s'il vous est permis de l'envisager comme un gladiateur armé de toutes pièces et qui doit toujours sortir victorieux de l'arène dans laquelle il se débat si péniblement sous vos yeux; dites-moi si, tout faible qu'il est de ses moyens d'action, tout irrité qu'il est de ses mécomptes et tout meurtri qu'il se trouve des assauts qu'il a livrés pour assurer sa vie et la tranquillité de sa famille, si vous ne devez pas avoir quelque pitié pour lui lorsqu'il succombe dans la lutte, lorsqu'il dépasse votre inflexible niveau, lorsqu'il commet une infraction à vos lois ; dites-moi, car je veux surtout revenir sur cet objet, quel est le rapport que vous trouvez entre sa tête roulant sur l'échafaud et les circonstances dont je viens de vous parler et les changements que vous voulez opérer dans les mœurs ? Dites-moi, dans les hautes portées de votre intelligence et dans les profondeurs de votre conscience, si vous n'apercevez pas, si vous ne sentez pas que la hache du bourreau ne peut en rien changer ce fâcheux état de choses, et, en définitive, si je n'ai pas raison devant tant de sang vainement répandu d'accuser tout à la fois l'intelligence, les sentiments et les calculs de nos anciens législateurs.

Oui, il y aura toujours des criminels dans la société, et pour en diminuer le nombre vous n'avez qu'un moyen : en admettant que vous ayez commencé par améliorer la condition matérielle de vos semblables, c'est de cultiver chez eux tous les dons de la nature, c'est d'agrandir leur intelligence par l'instruction et de développer leurs sentiments moraux par l'éducation. Le moyen de les sauver, de les protéger contre eux-mêmes, de les faire entrer en harmonie dans le mouvement général de la société, le moyen de vous mettre à l'abri de leurs violences et de leur animalité, le moyen de ne plus les exposer à venir incessamment se faire couper le cou par vous tous, c'est non seulement de les éclairer, c'est-à-dire de cultiver leurs facultés intellectuelles, mais encore c'est de les ennoblir, c'est-à-dire de cultiver leurs sentiments moraux, c'est de multiplier dans leur tête les motifs déterminants des actions, de leur donner la liberté morale, d'en faire des hommes et de bons citoyens. La guillotine est une colère de bas étage, est une vengeance inférieure : elle avilit, elle dégrade, elle abrutit les populations ; elle ne donne point d'intelligence et n'élève point le caractère.

Dira-t-on qu'elle porte l'intimidation dans l'esprit et qu'elle arrête le bras des malfaiteurs ? Cette idée ne repose que sur un très petit nombre de faits : l'intimidation ne réglera ni n'étouffera jamais les transports, les besoins et les passions de l'humanité. J'ai vu de près une vingtaine d'individus qu'on allait traîner à l'échafaud, et lorsque je leur ai demandé si l'idée de la peine de mort qu'ils avaient encourue s'était offerte à eux lors de la perpétration de leur crime, ils m'ont tous répondu que, sous l'empire des passions qui les avaient aveuglés, ils n'avaient point songé à cette répression, ou que s'ils l'avaient un instant et vaguement entrevue, l'impression n'en avait point été assez forte ni assez prolongée pour les détourner de leur projet, qu'ils espéraient d'ailleurs échapper à l'application de la loi, et qu'au surplus, pour eux, cet appareil du supplice dont on fait tant de bruit se réduisait tout simplement à un mauvais quart d'heure. . . . .

On a toujours tort de faire des jugements par comparaison à soi-même ; il y a souvent bien loin de tels et tels hommes à tels et tels autres hommes. Les personnes bien élevées, les honnêtes et tranquilles citoyens, par exemple, qui lisent dans leurs journaux le récit d'une exécution capitale, faite avec solennité et au milieu d'un grand concours de peuple, s'exagèrent les effets de cette sanglante dé-

monstration ; ils jugent du public par eux-
mêmes ; ils sont émus, saisis tout à la fois
de crainte, d'horreur et de pitié, et ils s'ima-
ginent que tout le monde est comme eux ; ils
croient que la plupart des hommes qui par-
courent la carrière du désordre et du crime
ont une sensibilité analogue à la leur même ;
que leur tournure d'esprit, leurs habitudes,
leurs mœurs, leurs penchants, leurs sentiments, leur intelligence, que tout est de même
degré de développement, de même force, de
même activité, de même influence que chez
eux ; et que par conséquent l'idée du supplice
qui attend ces hommes de perturbation, s'ils
persistent dans le mal, doit suffire pour les en
détourner. Voilà sur quelles données inexactes
l'ancienne législation s'est établie, et voilà
pourquoi, citoyens représentants, je ne ba-
lance point aujourd'hui à venir vous prier de
l'asseoir sur une connaissance mieux appro-
fondie et plus vraie de la nature humaine.

Dans la pénalité contre laquelle je m'élève,
on a généralisé des observations particulières,
on a pris des exceptions pour la règle ; on s'est
d'ailleurs imaginé, contre toute expérience et
toute raison, qu'en inspirant la crainte, qu'en

multipliant les motifs de bas étage pour déterminer l'homme à la vertu, c'était faire avan-
cer la civilisation et servir la société. Il est
temps de nous débarrasser de toutes ces idées,
et de nous efforcer de transformer le vieux
monde; changeons la pierre angulaire de l'é-
difice social; appuyons le nouvel ordre de
choses, non plus sur les propensités inférieures, sur les propensités de la bête qui se
défend contre la bête qui l'attaque et la pour-
suit, mais sur les facultés supérieures, sur les
facultés propres de notre espèce, sur l'intelligence et les sentiments moraux, sur les seuls
pouvoirs de notre constitution qui soient réellement civilisateurs et conservateurs. Plus de
représailles indignes de ceux qui ont devancé
leurs frères dans les voies de l'intelligence et
de la moralité. Ce n'est plus sur le bourreau
que nous devons trouver notre assise; nous
sommes hommes, traitons en hommes les
hommes.

J'ai dit qu'il y aurait toujours des criminels
dans la société, que la peine de mort n'attei-
gnait point le but du législateur, et que c'était
par des moyens plus efficaces, plus directs,
plus intelligents et plus moraux, qu'il fallait

songer à abaisser le chiffre de la criminalité.
J'ai rappelé une vérité trop longtemps méconnue par les cours d'assises, savoir : qu'il y avait en dehors de l'espèce humaine en masse un certain nombre d'individus mal nés qui ne pouvaient que mal faire, et dont la décollation ne pouvait en rien changer ceux qui leur ressemblaient. J'ai ajouté que la société avait droit et raison de se mettre à l'abri de leurs violences, mais qu'elle n'avait pas le droit de les tuer, et que, lorsqu'elle les tuait, elle faisait une œuvre de déraison, d'injustice, de sauvagerie et d'inutilité.

Après avoir plaidé la cause de ces infortunés, j'ai parlé de tous les membres de la grande famille humaine, de tous ceux qui ont en eux la forme entière de l'humaine condition, et qui sembleraient, au premier coup d'œil, devoir, sans exception, encourir toute la responsabilité de leurs actes ; mais j'ai voulu aussi, dans leur intérêt, dans celui de la justice et de la vérité, aller au fond des choses. Je me suis attaché à rechercher les causes de leurs désordres, et par cela même à démontrer également à leur égard l'inutilité de l'échafaud. Dans cette intention, j'ai fait ressortir, d'une part, en général la faiblesse innée de l'espèce humaine, c'est-à-dire l'énergie native des penchants inférieurs en opposition avec la tiédeur naturelle des sentiments moraux et le peu d'étendue de notre intelligence primitive. J'ai rapporté les faits puisés dans les meilleures statistiques, et j'ai prouvé que les criminels, presque en totalité, surgissaient des classes malheureuses et incultes de la société ; que ces hommes bruts n'avaient reçu ni les bénéfices de l'instruction, ni ceux de l'éducation, et que la guillotine ne pouvait aider en rien à leur évolution intellectuelle et morale.

J'ai soutenu qu'on n'éclairait ni qu'on ne moralisait point ainsi les peuples ; que pour atteindre ce noble et grand résultat, il était odieux et ridicule de faire jouer incessamment, et en pure perte, un impassible couteau sur la tête sacrée de l'humanité ; mais qu'il fallait aller à la racine du mal, qu'il fallait non seulement songer à améliorer la condition matérielle des hommes pauvres et ignorants, mais qu'il fallait encore développer leur intelligence et cultiver leurs sentiments moraux, si on voulait les protéger contre eux-mêmes, les faire vivre de la vie de leur es-

pèce, les soustraire aux incitations de la bête
et les empêcher de venir chaque année payer
avec une effrayante régularité leur budget au
bourreau. Détruisez les causes de leur persé-
vérante animalité et les effets de leur persé-
vérante animalité cesseront, et vous vous convaincrez de plus en plus, je le dirai toujours,
que les exécutions capitales, quelque nombreuses que vous les supposiez, n'ont aucune
espèce de rapport avec la moralité des actions.
Je viens de vous dire où sont les sources du
mal, ce sont elles qu'il faut tarir, puisque
c'est de leurs profondeurs que vous voyez
sortir, sans relâche et sans fin cette foule de
malheureux pour lesquels je ne cesse d'invoquer vos lumières et d'émouvoir vos sentiments. Songez-y bien, citoyens représentants,
l'exécuteur des hautes œuvres n'est que votre
instrument, et par la loi que vous maintien-
driez, quelque loin que vous fussiez placés
du théâtre où se consomme le sacrifice humain, vous n'en seriez pas moins les fauteurs
de l'exécution.

Pardonnez-moi si, dans le sujet que je traite,
je reviens plusieurs fois sur la même idée;
mais quelque confiance que j'aie dans les prin-

cipes que je vous apporte et dans les réflexions qui les accompagnent, je connais trop l'empire de l'habitude et des préjugés pour ne pas insister à plusieurs reprises sur ce qui me paraît fondamental et indispensable au triomphe de ma cause.

Ainsi, pour continuer à vous démontrer que la peine de mort ne peut servir à adoucir les mœurs et à diminuer le nombre des crimes, je répète que je n'aperçois aucune espèce de rapport entre le sang d'un supplicié et la moralité des actions. Déjà vous avez été frappé de mes considérations, lorsque je vous ai parlé de ces individus disgraciés par la nature, de ces pauvres-êtres qui n'ont point en eux les pouvoirs et par conséquent les défenses de l'humanité. Vous avez également admis, dans l'état d'imperfection où ont été jusqu'à présent nos institutions, que l'on verrait le peuple remplir les bagnes et les maisons centrales de détention, et entretenir l'échafaud, tant qu'on n'adoucira pas sa situation matérielle et que, l'abandonnant en même temps à la violence native de ses instincts et à l'entraînement de tous les objets extérieurs, on négligera de le faire homme, c'est-à-dire de lui donner de l'instruction et de l'éducation, en d'autres termes encore, de tirer parti des facultés intellectuelles et des sentiments moraux qui sont en germe dans sa constitution et qui n'attendent, pour se développer et se dessiner dans sa vie, que le souffle heureux et puissant d'un gouvernement libéral.

Si les classes élevées de la société commettent peu d'infractions légales, si elles ne vont pas souvent en prison, si on les guillotine en petit nombre, ce n'est pas qu'elles soient mieux nées que le peuple, qu'elles soient pétries d'un limon supérieur. Non, la différence ne tient point à l'organisation : elle tient à la différence de la position et de la condition sociales, elle tient aussi à la différence de l'instruction et de l'éducation. Les classes élevées de la société vivent dans l'aisance ; elles sont affranchies des terribles besoins de la nécessité, disons le mot ! elles sont heureuses ; elles sont dans un milieu au sein duquel leurs aspirations, naturelles, nombreuses et légitimes comme celles du peuple, trouvent facilement bonheur et satisfaction. La misère ne leur donne point de mauvaises idées. Bien mieux, elles ont reçu de l'instruction et tant soit peu d'éducation ;

elles ont donc de l'intelligence et ne sont pas
mortes à tous les sentiments, et lorsqu'il leur
leur arrive d'être surprises par des passions
égoïstes et de bas étage, lorsqu'elles sont ten-
tées de mal faire, on ne peut pas dire qu'elles
n'aient point en elles des forces propres à con-
trebalancer l'activité des penchants inférieurs ;
l'intelligence et les sentiments moraux les
protégent, elles ne sont point livrées aux
seules incitations de la bête ; elles peuvent
éclairer, épurer, modifier, ennoblir, changer
leurs déterminations. Le conseil, si je puis
m'exprimer ainsi, s'assemble dans leur tête :
dans les replis de leur cerveau, chaque faculté se fait entendre à son tour. Elles exa-
minent donc ce qui se passe dans les profondeurs de l'entendement ; elles comparent les
motifs qui les poussent à l'action avec les motifs qui les retiennent ; elles envisagent les
conséquences de la conduite qu'elles vont tenir, elles ont un libre arbitre, elles délibèrent,
elles jugent..... Ce n'est pas tout ; par l'effet
de leur sensibilité morale, elles éprouvent des
émotions inconnues du vulgaire. La circon-
spection leur fait éprouver une frayeur salu-
taire ; l'estime où elles se tiennent d'elles-

mêmes, la bienveillance, la vénération, la conscience, tous les nobles sentiments se soulèvent dans leur âme et viennent encore les aider à se maintenir dans les sentiers de l'honneur et de la vertu.

Quoi que j'aie pu dire ici en faveur des classes aisées de la société, et quelque satisfaction que j'éprouve à déclarer qu'elles comptent parmi elles des hommes qui ressemblent au portrait que je viens de faire, qui soient par conséquent véritablement hommes, et qui aient en eux tout ce qu'il faut pour dominer et régler les suggestions de notre nature inférieure, et résister également, avec intelligence et grandeur, à l'entraînement des excitations extérieures, il ne faut pas se dissimuler néanmoins qu'il reste encore beaucoup à faire dans cette partie de la société, si l'on veut que les membres qui la composent arrivent au degré d'élévation morale que comporte dans sa riche création le cerveau de l'espèce humaine. Chez un certain nombre d'entre eux, on rencontre des sentiments élevés ; mais je n'hésite pas à l'affirmer, la moralité en général ne s'y trouve point au niveau de l'intelligence. Je dis qu'elle y est faible et incomplète par comparaison à celle-ci. Nouvelle raison d'affirmer dans ma thèse que, pour abaisser le chiffre de la criminalité, il faut incessamment s'appliquer non pas seulement à former des hommes d'intelligence, mais aussi, et par-dessus toutes choses, des hommes de moralité. En effet, citoyens représentants, l'intelligence n'est rien sans la moralité, non qu'on ne puisse, tant nos facultés sont indépendantes les unes des autres, servir l'humanité par ses découvertes et son génie en étant un infâme ou un homme de toute nullité, un cadavre au point de vue des sentiments les plus beaux de notre espèce ; mais nous pouvons affirmer que l'intelligence sans la haute direction, sans le contrôle, sans la suprématie du cœur, *des sentiments mordaux*, conduit presque toujours à mal faire. Dans ces cas, l'intelligence est assujétie par la violence des penchants égoïstes ; elle s'ingénie, se tourmente et se prostitue pour leur satisfaction particulière.

Qui ne se rappelle à cette occasion les turpitudes et les crimes dont certains hommes, haut placés dans notre hiérarchie sociale, se sont rendus coupables sous l'ancien gouvernement? Certes, ils n'étaient pas dépourvus de lumières ; ils avaient des talents, et par la capacité qu'ils ont montrée jusque dans leur triste défense, ils étaient dignes d'occuper les premiers rangs dans l'État. Que leur manquait-il donc néanmoins pour conserver leurs titres et leur position, ne pas se couvrir d'infamies et ne pas encourir la juste sévérité des lois ? Il leur manquait le signe de la véritable civilisation, il leur manquait un des caractères propres de l'humanité ; ils manquaient de moralité. La bonté, la justice, la vénération et la dignité, facultés fondamentales de notre constitution, sans l'exercice et l'application desquelles il n'y a point de bonheur ni de considération sur la terre, ne figuraient point dans leurs actes, et au scandale de la nation tout entière, ils étaient ainsi venus, avec tous leurs grands moyens intellectuels, prendre place dans l'écume et la lie de notre ordre social.

Une question de la plus haute importance pour le sujet que nous traitons se présente maintenant tout naturellement à notre examen. Puisque l'homme, indépendamment de ses instincts de conservation, a été gratifié par son créateur de sentiments moraux et de facultés intellectuelles, et qu'il est, par cela même, destiné à vivre autant par la noblesse et l'excellence du cœur que par la force et l'éclat de l'intelligence, comment se fait-il néanmoins qu'il soit en général, par son âme, au-dessous de son esprit? Comment se fait-il qu'il acquière communément tout son développement intellectuel, et qu'il reste presque constamment en arrière sous le rapport de son développement moral? L'homme ne peut-il donc pas répondre aux libéralités dont il a été l'objet? ne peut-il donner tout ce qu'il a reçu et se manifester sous les trois conditions de sa nature indivise? D'où vient ce morcellement de sa constitution? Quoi! je le verrai conserver et montrer la vigueur de ses instincts jaloux, je le verrai grand, fort, subtil et délié par son intelligence; et lorsque je chercherai, même dans les plus hautes régions de notre ordre social, la magnifique expression de ses sentiments moraux, je ne trouverai plus en lui qu'un être faible, sans couleur, sans parfum, sans noblesse, sans beauté! Qui m'expliquera cette défaillance de sa nature morale? Toute faculté, de quelque ordre qu'elle soit, n'existe-t-elle pas pour être, c'est-à-dire pour se manifester? Qui faut-il

accuser de notre impuissance à bien faire?
Sommes-nous donc les misérables jouets de la
création? ou devons-nous, tout en avouant
notre imperfection naturelle, reconnaître que
si nous résistons si peu à l'entraînement de nos
penchants et aux excitations délicieuses ou
pénibles du monde extérieur, c'est encore
plus la faute de nous-mêmes que celle de la
nature?

Évidemment c'est l'homme qu'il faut accuser, et c'est surtout à son ignorance qu'il
faut attribuer tous ses malheurs et tous ses
crimes. Nos grandes universités d'Europe
ont cru faire merveille jusqu'à présent, parce
qu'elles nous ont donné des littérateurs,
des artistes, des poëtes, des ingénieurs, des
médecins et des prêtres; elles n'ont rien négligé, le fait est vrai, pour mettre l'homme en
relief sous le rapport de ses facultés intellectuelles, et, on a du plaisir à le reconnaître, le
succès a récompensé leur persévérance et leurs
soins; mais je ne sais comment elles se sont
persuadé qu'il n'y avait rien à faire pour les
sentiments moraux, ou du moins que les méthodes propres à former une belle intelligence
étaient également bonnes pour former un beau

caractère : elles ne se sont pas doutées un seul instant qu'il n'y avait aucune espèce de rapport entre ces deux faces de l'entendement humain. De même que l'ouïe n'est pas la vue, que la vue n'est pas le goût, que le goût n'est pas le toucher, ni le toucher l'odorat, et que le développement de chacun de ces sens réclame des moyens divers et appropriés à leur nature spéciale, de même en cultivant telle et telle faculté intellectuelle, on ne cultive point toutes les facultés intellectuelles, et en cultivant toutes les facultés intellectuelles, on n'exerce pas d'impression sur les sentiments moraux. Il faut bien qu'on le sache : on ne forme pas du même coup, et par les mêmes moyens, un homme de capacité et un honnête homme, une belle âme, un grand caractère : l'instruction et l'éducation ne se ressemblent en rien. L'instruction s'applique aux facultés intellectuelles, l'éducation s'applique aux facultés morales ; partout on donne de l'instruction, nulle part on ne donne de l'éducation. C'est ainsi que, depuis des siècles, les choses se sont passées dans l'humanité, citoyens représentants ; c'est ainsi qu'en s'occupant sans relâche d'exciter, de développer l'intelligence, on a laissé sommeiller, tomber dans l'inertie les sentiments moraux, qu'on a par conséquent mutilé l'homme dans le plus beau des apanages de sa constitution cérébrale, et que l'on a rempli la société d'avortons aussi dangereux par l'énergie de leurs penchants inférieurs que par les ressources multipliées de leur esprit.

L'éducation, c'est-à-dire la culture des sentiments moraux, peut seule rendre l'homme à lui-même, le sauver de bien des faiblesses, lui épargner bien des crimes, et lui fermer le chemin qui conduit à l'échafaud. L'homme chez lequel on n'a point négligé ces dons précieux de la nature appartient réellement à l'humanité; il en est le représentant, il est fort, il est complet, il est armé de toutes pièces, il jouit de son libre arbitre, il peut prendre un parti en connaissance de cause; il ne vit plus sous l'empire exclusif de l'égoïsme, il est porté à la bienveillance, à la justice, à la vénération, à l'estime de soi-même et des autres, à toutes les vertus sociales. Pour combattre ses instincts de bas aloi, pour résister aux excitations du monde extérieur ou aux chagrins et aux irritations qu'il y rencontre souvent, non seulement il possède une intelligence qui lui fait tout voir d'ensemble et de haut, et qui le met à l'abri de bien des petitesses ; mais son âme ayant aussi reçu la vie, ses sentiments moraux ayant pris place et force dans sa constitution, il en écoute les inspirations et en déverse les inépuisables trésors sur la foule infortunée de ses semblables.

Si je me suis bien fait comprendre, citoyens représentants, il ne s'agit plus seulement dans mon opinion de s'emparer des criminels au fur et à mesure qu'ils sortent de vos cours d'assises, et d'en débarrasser la société par le couteau de la guillotine ; les idées que je soumets à votre haute appréciation vont plus loin, elles vont à la cause des choses, elles tendent non pas à ce qu'il n'y ait plus jamais de têtes faibles, passionnées ou criminelles parmi nous, mais elles doivent avoir pour résultat d'en diminuer d'autant plus le nombre, qu'on en saura faire une plus large application. L'honneur de cette grande réforme peut appartenir à la République française. Améliorez autant qu'il est en vous la condition matérielle du peuple, élevez l'homme par *l'instruction* et *l'éducation* au-dessus de l'animalité : gardez-vous de ne développer que son intelligence, vous n'en feriez qu'un méchant; donnez jour à son âme, occupez-vous essentiellement de son moral; placez la vieille université sur ce terrain nouveau. Si les instituteurs qu'elle choisira dans ses écoles sentent bien leur mission, s'ils ont la science, c'est-à-dire s'ils connaissent la nature de l'homme dans ses éléments constitutifs, s'ils sont hommes eux-mêmes, s'ils prennent autant de peine pour former le cœur de leurs élèves qu'ils en prennent pour former et développer leur esprit, le but que vous vous proposez est atteint, la moralité augmente, la vertu devient moins difficile à pratiquer, la criminalité diminue, et tout cela sans que vous teniez le cimeterre ou le bâton éternellement suspendu sur la tête de vos semblables.

On sait, par l'histoire et par l'expérience, tout ce que le génie du mal a produit de mal sur la terre, on ne sait point assez tout ce que peut produire de bien le génie du bien. Ouvrez les vieilles annales de l'humanité, et vous verrez ce que peuvent des institutions fortes et persévéramment appliquées. L'homme a été dépossédé par elles de tous ses pouvoirs; on en a fait une machine, un automate, un imbécile,

un esclave, un être sans nom, sans noblesse et
sans âme. Par elles, on a empêché le développement de son intelligence, on a avili, dégradé
son caractère, effacé jusqu'à l'ombre de ses
sentiments moraux. Les virtualités même les
plus énergiques de sa constitution ont fléchi
sous les calculs et les efforts des aristocraties
politiques, religieuses ou militaires de l'antiquité. Que ne devons-nous pas attendre d'un
système de conduite et d'action tout opposé !
C'est toujours sur la même matière, sur le
même sujet, le même corps, le même esprit,
la même âme, que nous avons à travailler.
Travaillons au rebours de nos pères, reconsti-
tuons l'homme, ramenons-le à lui-même ; ren-
dons à son intelligence, et surtout à ses sentiments moraux, la suprématie qui leur est due.
Citoyens représentants, appuyez-vous sur ce
fait positif, inébranlable, éternel : l'homme est
le disciple de tout ce qui l'entoure ; c'est l'être
le plus éminemment malléable et modifiable
qu'il y ait au monde. Il n'y a pas de forme, de
couleur, d'habitude ou d'empreinte qu'il ne
puisse prendre à la longue. Oui, par l'influence
de l'éducation, des mœurs, des institutions
et des lois, vous pouvez exercer sur sa consti-

tution cérébrale, sur son présent et sur son avenir, une influence immense. A titre de législateurs, vous tenez dans vos mains tout son mode d'existence ; vous tenez sa vie matérielle, sa vie instinctive, sa vie morale, sa vie intellectuelle ; vous tenez dans vos mains son ignorance, ses lumières, ses vertus, ses vices, sa bassesse, sa grandeur, son esclavage ou sa liberté. Quel beau rôle vous avez à remplir !

Je le répète encore une fois, par le knout, la potence ou la guillotine, vous ne développez point l'intelligence de l'homme, vous n'agrandissez point son âme, vous le traitez en animal, et par cela même vous le laissez, vous le renforcez dans son animalité. En suivant de pareils errements, il n'y a pas de raison pour que sa situation s'améliore, pour qu'il règle et gouverne l'activité de ses penchants inférieurs, pour qu'il prenne l'esprit et le caractère de l'humanité ; il n'y a pas de raison pour qu'il ne vienne pas incessamment vous affliger par le tableau de sa dégradation, ou vous inquiéter et vous faire trembler par ses convoitises, son égoïsme et ses fureurs. En ne vous dépouillant pas vous-même du vieil homme, en vous servant exclusivement contre lui de vos forces

instinctives, en le châtiant comme une brute,
vous éternisez le vieil homme sur la terre, et
vous voilà condamnés, si vous ne voulez pas
qu'il vous dévore, à maintenir l'échafaud, à
faire, sans bénéfice et sans fin, l'œuvre de destruction contre laquelle je proteste depuis le
commencement de ce mémoire, et vous ré-
duisez vos fonctions supérieures, vos fonctions
civilisatrices, humanitaires, aux fonctions avi-
lissantes de pourvoyeurs du bourreau !

Un mot encore avant de terminer, citoyens
représentants.

Peu de personnes se sont demandé ce qui
a pu déterminer l'homme à inscrire la peine
de mort dans ses codes et à en faire une si
fréquente application. En effet, d'où lui vient
cette énergie ? comment, en dehors de toute
émotion violente qui peut subjuguer sa volonté
ou de tout mouvement pour protéger son existence en péril, comment a-t-il la force de
verser froidement et en grand appareil sur des
échafauds le sang de ses semblables ? A-t-il
donc, comme les bêtes fauves, comme les oi-
seaux de proie, un instinct brut et sanguinaire
à satisfaire ? L'odeur et le goût du sang vont-
ils à sa nature ? obéit-il fatalement comme

l'animal à une loi de son organisation, ou bien est-ce au mépris des lois mêmes de sa constitution, des lois de l'humanité, qu'il conserve cette férocité dans ses mœurs ? Pour quiconque a porté le flambeau de l'analyse dans les profondeurs de l'entendement humain, la réponse est facile à faire : la peine de mort est un abus, est un mauvais emploi d'une des facultés fondamentales de notre constitution ; c'est l'application exclusive, isolée, dépouillée de toute intelligence et de toute moralité, d'un penchant qui nous est donné dans le double but d'assurer notre existence organique par la destruction des espèces inférieures nécessaires à notre alimentation, et de nous faire surmonter, par une incessante et infatigable énergie, les obstacles sans nombre que nous rencontrons presqu'à chaque pas dans le milieu qui nous entoure. Il nous fallait cette virtualité pour vivre et nous défendre en ce monde ; mais en s'exerçant sur l'homme, cette force a dépassé les limites et les droits de ses activités propres.

Quelle singulière idée que de conclure de l'existence d'une faculté à la nécessité de son application. Cela n'est pas exact, cela n'est

pas vrai pour l'homme. Chez l'animal, c'est dif-
férent ; l'animal est un animal, il n'a que des
facultés animales, et il se déroule, et il ne peut
se dérouler que comme animal. Qui peut en
dire autant de l'homme ? L'homme, indépendamment de ses instincts inférieurs indispen-
sables à la conservation de son être, a reçu une
haute intelligence et des sentiments élevés. Ces
facultés supérieures établissent sa nature, son
caractère, sa grandeur, elles le font homme en
un mot. Eh bien, elles lui sont données pour se
manifester dans sa vie, et, comme *facultés nobles*, elles ont droit de contrôle et de suprématie sur tous les mouvements de son âme.
Elles lui sont données pour modifier les incitations de la bête et imprimer à ses actes le
cachet de l'humanité. L'homme est donc plus
et autre chose qu'un animal, et quelque faible
que puisse être encore aujourd'hui en général
son développement intellectuel et moral, on
ne peut pas dire néanmoins qu'il n'ait abso-
lument en lui que les forces de l'animalité, et
qu'il soit invinciblement porté à ne suivre que
leur basse impulsion. Je le redis encore, il est
homme, et malgré la lenteur et les difficultés
de son évolution sous cette face supérieure de

son être, il ne lui est pas rigoureusement permis d'invoquer, en faveur de ses manifestations instinctives exclusives l'unéité de ses penchants instinctifs qui en sont, il est vrai, la source et le principe, mais qui ne forment, en définitive, que l'élément inférieur de sa constitution, et qui doivent par cela même être incessamment consentis dans leur application par l'intelligence et les sentiments moraux.

Ces considérations suffiront probablement, citoyens représentants, pour vous démontrer que la peine de mort est elle-même une infraction faite aux lois de la nature humaine. Cette pénalité vient de loin, elle date de la plus haute antiquité, elle porte en conséquence le signe de l'enfance de l'humanité, elle atteste son ignorance, elle indique le silence et l'enveloppement de ses facultés morales et intellectuelles, elle révèle sa barbarie primitive, et, à ces différents points de vue, elle forme avec nos mœurs actuelles un anachronisme évident.

Cela est si vrai, citoyens représentants, que dans aucun rang de notre ordre social aujourd'hui on n'accepte la responsabilité d'une exécution capitale. L'intelligence et les sentiments moraux se soulèvent spontanément à la vue d'un sacrifice humain. En voulez-vous la preuve? suivez un coupable depuis le moment où il comparaît devant la Cour d'assises, jusqu'à celui où vous le voyez monter sur l'échafaud. La sentence de mort n'est point prononcée, sans que l'auditoire, les membres du jury, les juges eux-mêmes, éprouvent un frémissement involontaire, tremblent, en quelque sorte, dans tous leurs membres ; et cette sentence n'est point exécutée sans que le peuple qui court au spectacle de cette sanglante tragédie, sans que les hommes d'armes, le prêtre, le bourreau lui-même, soient douloureusement remués dans tout leur être, sans qu'il y ait sur tous les visages une consternation, un abattement, une laideur d'expression qui laisse bien souvent à l'homme que l'on va supplicier tous les avantages moraux de la position. En effet, citoyens représentants, en montrant du courage et de la fermeté, en montrant du repentir et de la piété, en envisageant le moment suprême où il est à travers le prisme de l'espérance et de l'idéalité, en se jetant dans les bras de son Dieu, il manifeste seul, en cette circonstance, quelques unes des brillantes facultés de notre être ; seul il a de l'éclat au milieu des têtes muettes qui le contemplent. Le sang qu'il va donner rachète à ses yeux l'énormité de sa faute; il en trouve, et il a raison, l'expiation trop forte; son intelligence la condamne, sa conscience ne s'y soumet pas, et il meurt emportant avec lui l'intérêt de cette même société qui ne s'était point doutée que la vie ne doit être rendue qu'à celui qui l'a donnée.

Voilà les criminels renfermés dans nos pénitentiaires !

La société n'a plus rien à redouter de leurs violences.

Ils vont expier leurs fautes et réparer, autant que possible, tous les maux dont ils ont été cause !

Y a-t-il quelque chose de plus à faire à leur égard ?

Sommes-nous créés à l'image des dieux exterminateurs et vengeurs de la vieille humanité ?

Le criminel conserve-t-il quelque chose de l'homme ? Peut-on fonder sur lui quelques espérances ? N'a-t-il pas encore quelques droits à notre intérêt ?

Dans l'état actuel de la science, ne peut-on le retremper aux sources de la vie, c'est-à-dire refréner ses penchants et ressusciter son âme ?

Par quels moyens opérerons-nous cette heureuse transformation ?

Telles sont, citoyens représentants, les questions dont je vais incessamment m'efforcer de vous donner la solution.

FIN.

2
3
4

Ouvrages du même Auteur :

DES CAUSES MORALES ET PHYSIQUES DES MALADIES
MENTALES, 1 vol. in-8.

DU TRAITEMENT INTELLIGENT DE LA FOLIE, 1 vol. in-8.

DE L'IDIOTIE.

DU BÉGAIEMENT, SES CAUSES, SES DIFFÉRENTS DEGRÉS.

DE L'HOMME ANIMAL, 1 vol. in-8.

———

Sous presse :

DE L'HOMME CONSIDÉRÉ COMME ÊTRE MORAL, 1 vol.
in-8.

DE L'HOMME CONSIDÉRÉ COMME ÊTRE INTELLECTUEL,
1 vol. in-8.

———

L'auteur aura ainsi successivement analysé les trois éléments
constitutifs de la tête humaine.

Paris. — Imprimerie de L. MARTINET, rue Jacob.